SECTION DE L'UNITÉ.

Primedi 11 frimaire, de l'an III de la République Française une, indivisible et impérissable.

ADRESSE

Des Citoyens de cette Section, qui s'est rendue en masse à la barre de la Convention nationale.

RÉPONSE

Du Président de la Convention nationale.

NOTA.

Les citoyens de la *section de l'Unité*, ont fait
imprimer cette adresse, afin de la communiquer
à tous leurs frères, les citoyens composant les
autres sections de Paris : une adresse particulière
d'envoi à leurs frères de Paris, auroit sans doute
été un autre devoir à remplir : on sent qu'elle auroit
même due être portée à toutes les sections par
des commissaires de celle de l'Unité ; mais, d'une
part, l'on sentira aussi que l'on auroit été par-là,
forcé d'en retarder la publicité, et de l'autre, les
citoyens de la section de l'Unité, n'auroient pu
députer auprès de toutes les sections de Paris,
qu'en privant *quarante* de leurs membres, au moins,
de l'avantage d'assister à la séance de la décade pro-
chaine, dans un moment où il est plus important
que jamais que les citoyens prennent part aux déli-
bérations et aux débats qui ont lieu dans les assem-
blées générales.

Les citoyens de la section de l'Unité espèrent
de la fraternité qui lie plus que jamais tous les
habitans de cette commune, que cette adresse sera
lue décadi prochain, en assemblée générale des
différentes sections.

Les citoyens de l'Unité ont exprimé dans cet
acte de leur foi politique et révolutionnaire, leur
amour pour la liberté, leur attachement à notre
République, leur dévouement à la Représentation
nationale, leur respect pour les loix et leur horreur
contre les hommes de sang ; sentimens qui ont toujours été ceux de tous les citoyens qui habitent
ensemble la première citadelle de la République.

ADRESSE

DE LA SECTION DE L'UNITÉ

A LA

CONVENTION NATIONALE.

Prononcée à la barre de la Convention, le 11 frimaire, l'an troisième de la République Française, une, indivisible et impérissable.

CITOYENS REPRÉSENTANS,

Courbés long'ems sous le joug de l'oppression et de l'intrigue, les citoyens de la section de l'*Unité*, vétérans de la révolution, viennent applaudir à vos travaux.

Voici les hommes qui sonnèrent des premiers le tocsin le 14 juillet 1789, et qui provoquèrent cet ébranlement général qui porta subitement la terreur et l'épouvante au milieu du camp commandé par les satellites du despote, rassemblés par son ordre autour de Paris, pour prolonger notre esclavage : voici les habitans du district ré-

4

volutionnaire de *Germain des Prés* ; ceux qui, au mois d'octobre de cette année si mémorable, surent des premiers voler à Versailles, pour en arracher le dernier des tyrans, afin de le placer sous l'œil surveillant du peuple de Paris.

Nous sommes ces hommes qui, à cette première époque, comme depuis, se prononcèrent toujours avec l'énergie que l'amour de la liberté avoit mis dans leurs ames, et qui comprimant d'un de leurs bras les fureurs des ennemis de la révolution, arrêtèrent de l'autre le pillage et le désordre, auquel des malveillans excitoient tous ceux qui n'en pouvoient pas juger toutes les fâcheuses conséquences : ainsi, les premiers et les légitimes enfans de la révolution ont toujours su la défendre par les principes, par la raison et par la justice, qui sont les bases de la religion des Républiques.

Ils viennent aujourd'hui vous féliciter d'avoir abattu la dernière et la plus redoutable de toutes les tyrannies ; d'avoir fermé cet antre, où, sous le nom de *Jacobins*, qu'ils ont souillé, des hommes féroces vinrent concerter l'anéantissement de la république, par la dévastation, par la protection du crime, et par la destruction des plus purs patriotes.

Oui, Citoyens Représentans, vous avez conservé la liberté qui a été un moment en péril; vous avez réduit au silence les ennemis du peuple; vous avez confondu les projets perfides de ceux qui vouloient se servir des débris du vieux trône, pour rétablir une nouvelle servitude : Vous avez remporté la plus signalée des victoires sur les partisans de l'étranger, sur ces hommes qui, oubliant tous les principes et la sublime raison, osoient le disputer de puissance avec le peuple, avec *vous*, qui exercez légitimement la puissance du peuple : aussi étoit-ce à vous qu'il appartenoit de conserver dans vos mains cet immense pouvoir, avec toute la pureté de son principe. Vous l'avez fait, et de toutes parts le peuple vous dit : *la liberté reste : elle restera : et cette conservation sera votre ouvrage.*

Les temps de révolution ne ressemblent point aux temps ordinaires, les politiques

factieux en calculent avec précaution tous
les événemens ; mais les vrais patriotes sa-
vent en rapporter tous les résultats au main-
tien des vertus publiques et du courage : c'est
au milieu d'une grande révolution que le
cœur humain se déploie, et que la nation
qui agit, se montre ce qu'elle est : dans les
différentes situations où elle se trouve, elle
ne sait souvent, ni où elle est, ni où elle va,
ni ce qu'elle veut, ni ce qu'elle doit vouloir ;
mais rarement le peuple fait des méprises :
Des partis se forment, et sans le savoir, ils
tendent tous à la sûreté publique ; ils s'é-
branlent et se détruisent réciproquement
eux-mêmes. Ils peuvent bien être injustes ;
mais ils ne peuvent plus jamais être perni-
nicieux sur le territoire de la liberté que nous
avons reconquis : ils se balancent, et par
leur propre pesanteur, ils nous défendent
de tous les précipices ; la tactique de tous
leurs froissemens, l'application des exemples,
l'hypocrisie du zèle, les moyens des divers
partis deviennent tous inhabiles et inca-
pables de prévaloir sur l'autorité légitime ;
ainsi, les divisions, les haines, l'ambition,

la rivalité, les intrigues, les factions : oui
LES FACTIONS, rien de tout cela n'étendra plus
sa puissance sur le peuple, parce que le
peuple instruit ne veut plus aujourd'hui, ni
de *Marius*, ni d'un *Octave* sur-tout, dans
lequel (à la honte de la liberté de Rome), tous
les pouvoirs vinrent se courber. Le peuple
portera désormais son attention à peser sur
toutes les volontés particulières pour faire
réhausser la volonté générale (1).

CITOYENS REPRÉSENTANS, vengez les lois et
frappez les coupables; réduisez à un impuis-
sant désespoir, ces hommes de sang, qui
bâtissoient leur trône sur nos cadavres, et qui
soudoyoient leurs satellites avec la fortune
publique.

Qu'étions-nous devenus? le *jouet des intrigues* et *des fureurs*, et *tandis* que les bras
de nos frères et de nos enfans repoussoient
l'ennemi étranger, l'ennemi intérieur s'*en-
touroit de passions féroces, il nous oppri-*

----

(1) Ce passage est extrait de l'adresse des citoyens
de la même section à leurs frères les citoyens de
Paris, en date du 12 septembre 1792 (style ré-
formé).

moit avec la cruauté la plus barbare......
et la lumière vivifiante du soleil étoit deve-
nue pour nous la nuit des tombeaux.....
HOMMES DE SANG ÉLOIGNEZ-VOUS, VOUS NOUS
AVEZ SOUILLÉS.....

*Et lorsque l'opinion publique cherchoit
à se rassurer, à inspirer du courage*, à rani-
mer la confiance de citoyens à citoyens, d'autorité à autorité, de la convention au peuple,
du peuple à la convention; *ces hommes ont
encore vociféré contre le retour aux éternels
principes, et ils ont appellé* CONTRE-RÉVOLU-
TION *le dégoût du sang!*... HOMMES DE
SANG, répéterons - nous avec nos frères de
Dijon, HOMMES DE SANG! ÉLOIGNEZ-VOUS....
VOUS NOUS AVEZ SOUILLÉS!.... (1).

Reportons promptement nos regards sur
d'autres tableaux : Déjà, depuis long-temps
les despotes sont ruinés, et leur coalition ne

---

(1) Les phrases en lettres italiques sont extraites
du sublime discours du citoyen *Baillot*, homme de
lettres, très-connu par son goût et son talent; et
plus honoré encore dans sa commune (Dijon) par
la pureté et le courage de ses sentimens patrio-
tiques.

présente plus que foiblesse, découragement
et misère : leurs soldats et leurs trésors sont
venus se détruire contre la volonté d'un peuple qui a dit : *Je serai libre*. Toute l'Eu-
rope a attaqué ce peuple, dans l'instant où,
courbé vers la terre, mère de tous les
hommes, il plantoit l'arbre de la liberté ; et,
lorsqu'il se relève pour regarder où sont ses
ennemis, déjà il ne les apperçoit plus, et déjà
les rameaux de cet arbre précoce, qu'il vient
de confier à un sol fertile, ombragent majes-
tueusement sa tête victorieuse, et obscur-
cissent de leur ombre tous les empires
voisins.

Mais, quelle nouvelle victoire le peuple
vient de remporter par vous! et que dira
maintenant le petit ministre d'un petit état,
lorsque du milieu de son isle, il appercevra
la cîme de cet arbre de tous les départemens
de la République, qui aura résisté à tous les
orages ; quand il le voit déjà dominant sur
tous les autres états, et couronné et embelli
de nos couleurs nationales! Pitt.... On aura
désorienté ta politique, on aura culbuté ta
puissance, et nous forcerons le parlement

qui t'a vendu son orgueil, à nous demander
à genoux une paix que nous resterons les
maîtres d'accorder.

Citoyens Représentans, nous honorons
en vous les dépositaires légitimes du juste et
immense pouvoir du peuple. Travaillez sans
relâche à l'œuvre illustre que vous avez en-
trepris; conservez votre attitude imposante,
votre fierté révolutionnaire, toute la ma-
jesté de la justice : et rappellez-vous sans
cesse que vous représentez un grand peuple
qui vous a confié ses plus hautes destinées.
Tandis que le courage de nos guerriers re-
poussera les tyrans étrangers, le vôtre et le
nôtre nous défendra contre les tyrans de l'intérieur; et la justice révolutionnaire, char-
gée de poursuivre les restes coupables des der-
nières tyrannies, couronnera à-la-fois toutes
nos victoires.

Citoyens Représentans, appellez de tous
les points de la République, la vertu et le
mérite modestes, si long-temps persécutés :
la force, toute la force *d'un gouvernement*
qui fonde une grande République, *est dans*

l'opinion (1) ; *faites rentrer le commerce dans les mains des commerçans, les manufactures dans les mains des manufacturiers, la terre dans celles de ceux qui la cultivent ;* faites *restituer à l'agriculture, aux arts, au commerce* (2) ce que l'anarchie et le pillage leur ont arraché, et bientôt l'industrie nationale, par tout alimentée, et alimentant par-tout, viendra tout féconder ; répétez aux citoyens, répétez-leur souvent ce que vous leur avez déjà souvent dit : « la crise du moment révolutionnaire
» vous a éloigné de vos affaires, mais jamais
» ne vous sépara de la patrie!... Revenez, ci-
» toyens, revenez à vos ateliers, reprenez vos
» travaux honorables, la raison vous y rap-
» pelle, la justice vous y protégera, la frater-
» nité vous y invite.... reprenez tous vos ver-
» tueuses habitudes et vos occupations régu-
» lières : par la liberté reprenez votre tra-
» vail, et que votre travail vienne défendre

____

(1) Montesquieu.

(2) Journal du Républicain Français, article Paris, du 21 vendemiaire, n°. 686.

» la liberté. L'amour du travail, pour un
» peuple libre, est le patrimoine honorable
» qui l'entretient dans sa morale et dans
» toutes les vertus qui le font respecter :
» ainsi le crédit public s'accroîtra, et conti-
» nuera de rester l'un des élémens de notre
» toute-puissance et de notre gloire com-
» mune. . . . . et les citoyens vous répondront
» tous.. . . . hommes de paix et de justice,
» nous applaudissons à vos utiles travaux,
» et nous satisferons tous à vos invitations
» paternelles ».

Vous *qui nous écoutez tous pour juger quelques-uns, et qui n'écoutez plus quelques-uns pour nous juger tous* (1), conser-vez dans sa pûreté le gouvernement révo-lutionnaire que les étrangers faisoient atta-quer par les malveillans du dedans qu'ils soudoyoient, et que votre justice, plus ter-rible que jamais, vienne rompre, avec or-geuil, toutes les mesûres des ambitieux, des

____

(1) Heureuses expressions tirées du discours déjà cité du citoyen *Baillot*, adressées au digne repré-sentant du peuple Calès.

corrompus, de tous ces petits entrepreneurs de révolution : nous n'en voulons qu'une de révolution, celle pour la liberté et par la liberté.

Citoyens Représentans, la justice qui est votre patrimoine lorsque vous la distribuez, et qui devient le notre lorsque nous la recevons de vous, votre justice doit s'étendre à faire rappeler dans les fonctions publiques les hommes justes et utiles que les intrigues, la calomnie et les crimes de tous les genres en avoient fait éloigner : elle doit s'étendre aussi à exiger les comptes les plus fidèles sur tous les actes des administrations publiques , et principalement à exiger les comptes des deniers qui ont été perçus par les prétendus révolutionnaires ; que ceux qui les ont déjà rendus (eh comment les ont-ils rendus pour la plûpart ? que tous soient tenus de les reproduire, et que tout ce qui a été fait en finance jusqu'à ce jour soit enfin connu de tous les français : nommez une commission d'hommes probes , laborieux et éclairés, pour recevoir tous ces comptes ; que cette commission soit divisée par sections, qu'elle soit ambulatoire, qu'elle aille par-tout chercher les comptables , et fouiller dans les orgies dilapidatrices de la plûpart : on trouvera bien des coupables , et il y a des milliards à faire restituer à la République ! ....

Voici notre acte de foi politique et révolutionnaire : Union entre les citoyens qui ont fondé la République et qui la défendent ; union entre les sections du peuple ; union du peuple à la convention , et de la convention au peuple ; la mort aux tyrans de toutes les espèces et à leurs sectaires ; amour , respect , obéissance à nos lois ; et nous par vous , et vous par nous , ferons triompher la République , et sa haute puissance dans les âges de prospérité et de bonheur qu'elle prépare aux hommes.

VIVE LA RÉPUBLIQUE , VIVE LA CONVENTION.

Réponse du président de la convention.

La section de l'Unité donnera sans doute aussi l'exemple de l'union qui doit régner parmi les français , pour détruire les coupables espérances des ennemis de l'intérieur et de ceux du dehors.

C'en est fait, puisque les hommes qui sonnèrent le tocsin du 14 juillet 1789 pour renverser la tyrannie, conserveront leur énergie, jusqu'à ce qu'ayant détruit tous les obstacles, ils verront la République française servir de modèle à tous les gouvernemens du monde et à toutes les vertus.

La convention nationale, prévenant vos desirs, s'occupe de tous les objets que vous venez de lui mettre sous les yeux : le bonheur du peuple couronnera ses travaux.

La convention vous invite à assister à sa séance.

La convention nationale a décrété la mention honorable et l'insertion de cette adresse au bulletin.